AF358351

DISCOURS

SUR LA PEINE DE MORT.

DISCOURS

SUR LA PEINE DE MORT,

Par le Citoyen ANTOINE *MAGNIEN,*
cultivateur à Nemours, électeur en 1789 et
en 1792, membre du Directoire de District
de Nemours.

CITOYENS,

Quel frémissement d'horreur ne doit pas ressentir le philosophe, à l'aspect des loix sanguinaires créées pour multiplier les cent mille moyens de destruction qui naissent avec l'espèce humaine, l'accompagnent et la pressent jusqu'au dernier moment de son existence ! Falloit-il les renforcer par la sentence de mort, ce monstre judiciaire que les Confucius, les Zoroastres ne connurent jamais : que la despote altière des vingt-millions d'esclaves russes a repoussé de son code ?

Quoi ! c'est à la fin du dixhuitième siècle, c'est au centre d'une nation douce, éclairée, que l'orateur Duport s'écrie du haut de la tribune constituante : " ah ! messieurs, je vois que je ne retarde la loi de mort que d'un quart d'heure ! " Eh bien, auroit-il pû ajouter, cette constitution que vous devez nous présenter comme l'évangile national, comme le tipe de la liberté de l'univers, aura donc pour frontispice un blasphême, un attentat contre la divinité! Vous allez sanctionner la plus désastrueuse des erreurs ! Ah, si vous preniez le compas de la morale guidée par la philosophie, pour mesurer et calculer les funestes effets qui doivent nécessairement résulter de cette loi fatale, vous ajourneriez la question jusqu'au moment où un calme divin auroit appaisé les passions ; où les préjugés seroient détruits, les habitudes des Néron, des Caligula, des Sylla, des Marius seroient annéanties pour jamais.

Respecter la vie des hommes est le premier devoir de la société. Mis en pratique, il influe sur toutes les actions conservatrices de l'espèce humaine ; il dispense l'instituteur de graver dans l'ame de son élève des idées effrayantes de supplices : idées qui trop souvent jettent sur toutes les habitudes de la vie un vernis de férocité, dont il ne sera redevable qu'à la loi de mort.

Si vous la décrétez, elle établira une contradiction choquante entre toutes vos loix ; elle obscurcira leur sagesse, parce qu'elle n'est qu'une erreur en principe, qui ne peut qu'enfanter des conséquences fausses et dangereuses.

Oui, messieurs, une erreur en principe. Et quelles sont donc les foiblesses, les passions capables d'entrer en comparaison avec la perte de la vie? Examinez de près celles que vous voulez punir par l'échafaud; vous n'y verrez qu'un tout nuancé de bien ou de mal sous différens rapports, souvent arbitraires ; les circonstances les développent, les appliquent et leur donnent ces teintes que la société et quelquefois la loi du plus fort adoptent ou repoussent ! Et ces passions, les juges en seront-ils exempts ? Vous exposerez donc la vie d'un accusé aux faux-fuyans, aux échapatoires, aux interprétations que l'orgueil, l'ignorance, la foiblesse, les préjugés, la méchanceté, tatonnent dans les ténèbres ! Vous allez placer dans les mains d'un accusateur séduisant, le fil des jours de ce citoyen sur lequel repose peut-être la fortune publique ! Tremblez, tremblez, que d'un côté des assassinats couverts du manteau de la loi, corrompant la morale, ne renversent l'édifice de la constitution ; et de l'autre, que le coupable n'élude le châtiment ! Ces deux écueils n'échapperont pas au despotisme qui vous guète ; et si de nouveaux calas venoient arroser de leur sang votre décret homicide, c'en seroit fait de la confiance que vous cherchez à inspirer : c'en seroit fait de la constitution françoise et de la liberté de la patrie.

Encore un lustre, (auroit pû dire le philosophe orateur dont j'étends ici la pensée), encore un lustre, et vous serez surpris d'avoir méconnu les droits de la nature. Quoi ! parce qu'un homme sera né avec un caractère qui ne fléchit pas sous des loix que votre volonté aura dictées, loix en opposition avec le mode de son éducation, il faut le priver de toutes les facultés, il faut l'anéantir ! Votre décret de mort ne sera-t-il pas revivre le prévôt Tristan, le farouche favori du plus cruel de nos despotes, qui, au premier signe de son barbare maître, assassinoit tout homme dont la figure déplaisoit au tyran?

Avant de prononcer, comparez les efforts de l'industrie qui ont rendu notre globe habitable et commode, avec les efforts tentés en faveur de l'éducation ou de la régénération morale ; comparez cette liberté laissée , relativement aux connoissances phisiques et avantageuses, aux dominateurs du monde , avec cette liberté atrocement enchaînée, dès qu'il s'est agi de mettre au jour ou d'approfondir les vérités philosophiques ; d'un côté, vous verrez des hommes libres de tout entreprendre pour assurer des richesses et des esclaves à leurs soi-disans souverains ; défricher , féconder, embellir cette terre parsemée de déserts, de précipices, de volcans, d'animaux féroces, de végetaux et de reptiles venimeux ; faire disparoître ou neutraliser la plupart de ces agens destructeurs ; soumettre au génie observateur les écueils , les tempêtes ; mesurer, dessiner les cieux, diriger la foudre, calculer et prévoir les plus étonnans phénomènes ; de l'autre côté , vous verrez les hommes qui ont tenté d'allumer le flambeau de la morale et des droits humains , précipités dans les fers et les derniers supplices par les despotes ; vous verrez ceux-ci, ennemis sanguinaires des vérités sociales , s'ériger en législateurs pour multiplier les erreurs , étouffer les lumières, élever des gibets à la pensée , et à l'aide de la loi de mort, faire éclipser les droits de l'homme sous le glaive des exécuteurs de leurs homicides forfaits. Si ce tableau comparatif ne repousse pas votre décret mortifère ; si vous persévérez à vouloir détruire avant que d'avoir édifié , c'en est fait de la philosophie ; vous cédez l'emploi qui lui appartient au bourreau ; vous transportez à celui-ci l'éducation nationale.

Ils ne sont plus ces tems, où les hommes trop peu appliqués pour réfléchir , laissoient flotter les rènes du gouvernement en des mains tantôt débiles, tantôt altières, toujours jalouses d'or et de puissance. La loi de mort est donc une ressource que votre sagesse doit enlever à la soif de régner. N'oublions jamais que tant de trônes fondés sur des meurtres, furent cimentés par le sang le plus pur des moralistes , des philosophes régénérateurs de l'humanité. Oui , c'est au milieu des supplices , que ces bienfaisans instituteurs des peuples, ces hommes doués d'une intelligence supérieure , expioient la munificence de la nature à leur égard.

Et vous, messieurs, qui rougiriez de n'être pas libres , (c'est toujours à la tribune constituante Duport qui se développe), et vous , messieurs, quel est le sort qui vous attend , si, contre toute espérance, vous n'opérez pas l'heureuse révolution qui nous réunit ? La mort !... et vous hésiteriez d'en décréter l'abolition !... vous balanceriez à arracher des mains de la tyrannie le glaive qui, dans le moment où je parle, s'aiguise peut-être pour vous assassiner !... Il est tems d'apprendre à la nation que la première entreprise sur la vie d'un de ses membres doit l'avertir des attentats projettés ou possibles contre la liberté et la sûreté de tous. Il est tems de lui faire sentir qu'une société d'hommes libres n'a que le droit de décerner des récompenses au citoyen vertueux, au coupable des peines et jamais la mort !... que nul homme n'est maître de sa propre vie ; qu'il ne peut pas plus en céder la propriété que se l'ôter ; qu'elle appartient exclusivement, absolument à l'être suprême de qui il l'a reçue ; que toutes les nations qui dérogent à cette éternelle vérité, ne sont que des nations suicides.

Apprenez à la nôtre que la transgression de ce grand principe présentée sous l'illusoire dénomination de JUSTICE, a bouleversé parmi nous les vraies idées du juste et de l'injuste ; que trop familiarisés avec les sacrifices humains, nous avons placé cette iniquité au rang de nos droits ; qu'envisagée sous ce point de vue, elle ne nous a laissé que de faux calculs sur l'autorité de celui ou de ceux qui se croient en droit de la commettre : calculs qui ne peuvent offrir que des résultats erronés et destructeurs.

Telles sont, citoyens, les réflexions qui eussent pû renforcer la sublime exclamation de l'antagoniste de la loi de mort. Elles n'auroient pas été adoptées, j'en conviens, les ennemis de la vie des hommes étoient en trop grand nombre dans l'assemblée constituante. L'aristocratie qui toujours fit couler des flots de sang, étoit incapable d'abandonner sa plus utile comme sa plus atroce usurpation.

La loi de mort est prononcée !... Cet outrage est fait à la philosophie, par l'ignorance, le préjugé et l'ambition, trois monstres ennemis du bonheur de l'espèce humaine. ils ont méconnu le remord, ce présent de la divinité qui rappelle l'ame à sa hauteur. Un génie actif, grand jusques dans les écarts, sera donc, ainsi que les flots majestueux de la mer en courroux, dévoué à l'anathème de la stupidité, incapable de péser les avantages résultans de ce qui n'est que l'apparence d'un désordre.

La loi de mort est prononcée !... Le glaive judiciaire peut anéantir l'homme ; mais la vérité qu'attaque le désastrueux décret, lui survivra et le renversera un jour.

La loi de mort est prononcée !... Et par cet acte exterminateur, l'existence humaine est livrée à l'instabilité des affections, des sensations, des irrésolutions qui peuvent souvent surprendre le juge le plus intègre et le philosophe le plus sage.

Avant que de décréter la destruction de son égal, de son semblable, l'homme avoit au moins à pourvoir ses tribunaux de juges inaccessibles aux influences de la nature, de la crainte, de l'espérance et de l'intérêt. Disons mieux, il falloit des juges divins ou s'en tenir à des peines correctives.

Cette incontestable vérité a disparu depuis longtems par les efforts des tyrans , ils sont parvenus à faire méconnoître les droits du créateur de l'univers et ceux de son ouvrage par excellence.. Ces superbes mortels, ces maitres héréditaires , par la grace de dieu et de leur espèce, non contens de dégrader l'espèce humaine , de la traiter à-peu-près comme la bête de somme, ont encore créé des castes antropophages sous les dénominations de noblesse, de haute magistrature , de finance , à l'aide desquels ils ont multipliés les fléaux destructeurs. Le peuple en proie à ces races dévorantes , dépourvu lui-même de justice , de magistrats , d'éducation , de principes , enchaîné par ses besoins et par la loi du plus fort, a été contraint de se rendre l'instrument de ses propres maux. On a vu constamment des malheureux tourmenter, assommer, faire périr d'autres malheureux, selon le bon plaisir de leurs sanguinaires seigneurs. Un de ceux-ci couvert de forfaits perdoit-il sa coupable tète sous le glaive d'ignominie, alors anobli pour le décoller ? A l'aspect de ce phénomène, l'empire stupéfait se taisoit et la nation trembloit pendant un siécle. Ce supplice si rare faisoit oublier ceux de dix mille infortunés plébéiens, victimes des absurdités d'un gouvernement oppressif et d'un code de sang créé exprès pour eux (1).

La carrière que l'homme doit parcourir est mesurée par l'éternel ; à lui seul appartient de la terminer. Dès lors une sentence de mort peut-elle être au pouvoir de l'égal de l'homme ? L'être suprème ménage le sang humain , même dans un fratricide ; « va, dit-il au meurtrier d'Abel , va, tu ne perdras » pas la vie, mais je marquerai ton front du sceau de la réprobation, pour » effrayer les cœurs capables de ressembler au tien ». Vingt siécles après, son doigt divin grave, sur les tables de la loi, ce précepte: «tu ne tueras point». Cette répugnance à faire périr le coupable , vous la voyez , citoyens , vous la voyez rappelée par le céleste fondateur du christianisme, lorsque prononçant sur le sort de la femme adultère, il dit à ses accusateurs : « que celui d'entre vous qui est sans péché lui lance la première pierre ». La divinité, la raison , l'humanité, tout proscrit la sentence de mort ; des préjugés, des cours de force seroient-ils capables de la consacrer? Pourroient-ils la maintenir dans notre code , malgré la religion , le bon sens et le cri de la nature ?

____

(1) La perte de la vie d'un domestique pour un vol évalué à cinq ou dix sous, a favorisé l'impunité et multiplié cette espèce de crime à un tel excès, que tous les vices sont propres à nous servir, si l'ombre de la fidélité les accompagne ; résultat inévitable de l'excessive sévérité des peines, chez une nation dont les mœurs, naturellement douces, contrastent avec son code criminel.

L'homme à qui il appartient d'élancer sa pensée sans obstacle sur les biens moraux comme sur les biens phisiques, s'est vu arrêté. L'arbitraire des despotes a osé tracer la ligne, que cette même pensée ne pourroit dépasser, sans attirer la mort à son auteur. Forcée de se replier dans les limites que posa l'immoralité des gouvernemens, elle a parcourru le vaste champ des chimères, sans guide, sans boussole, et sans activité s'est saisie des erreurs. Obligé de négliger la force et les élans de son génie, l'homme s'est attaché à l'illusion. De-là ces misérables riens, ces hochets de l'enfance et de la vanité qui ont prévalu contre la solidité des grands principes. La réflexion, ce présent de la divinité fait à l'homme pour son bonheur, est devenue par cette marche rétrograde une source d'adversités et de catastrophes, sous la trop puissante main des usurpateurs du droit de mort.

L'homme, leur dirai-je, reçut du créateur ce souffle divin, cette ame innocente et pure, digne de son origine ; donc ces délits, ces vices vrais ou imaginaires, pour lesquels il vous plait de déloger cette ame, n'ont pû être contratés que parmi vous ; ils ne sont que les suites de l'absurdité de vos sistêmes de domination. Vous êtes donc de perfides pilotes qui conduisez le navire contre des rochers pour le faire naufrager ; vous êtes donc les bourreaux de votre propre élève. Est-ce sa faute s'il se trouve sous un gouvernement vicieux ? Le potier peut-il reprocher à l'argile le mauvais emploi qu'il en fait ? Casse-t-on sa montre dès que le ressort n'est pas assez régulier dans les mouvemens.

D'ailleurs, à côté du mal se trouve le remède ; et vous préférez de détruire ! Semblables aux empiriques, vous tuez votre malade par la violence de l'opération, tandisque des correctifs sagement administrés lui eussent rendu une santé vigoureuse.

Voilà, citoyens, ce que dicte la morale puisée dans ses sources. D'accord avec la philosophie, elle veut que rien ne se fasse que pour l'avantage de tous ; d'accord avec la saine politique, elle se refuse à donner aucun exemple opposé au bonheur de tous : et la peine de mort est le plus dangereux de ces exemples ! C'est elle qui amène le scélérat à se promettre pour son dernier moment un repentir capable de se soustraire aux arrêts prononcés contre le crime par l'éternel. C'est elle qui insinue au criminel cette tactique perverse de ne convenir de rien ; cet art effrayant d'éclipser les preuves de son délit, dût-il en faire tomber le soupçon sur l'innocence même ! Tout coupable, qui, victime de son aveu, monte à l'échafaud, est une voix qui crie à ses semblables : niez tout, ou vous périrez. Telle est l'odieuse alternative que présente l'exécution de la loi de mort. Loi inutile, et parconséquent à proscrire ; elle est incapable d'arrêter le forfait, de retenir la main du criminel ; l'expérience journalière l'atteste. Loi qui étouffe les plus précieux sentimens de l'humanité, puisque la victime du glaive judiciaire obtient tout au plus un instant de sensibilité du curieux, qui, dans la sanglante exécution, ne cherche qu'une espèce de spectacle ! Loi mère de la perversité, puisqu'amenant une impérieuse attention aux suites des remords qui pourroient conduire à l'aveu, elle repousse celui-ci, écarte ceux-là, et fait canonniser comme moyens de conservation personnelle deux pestes de société, le mensonge et le parjure. Quel champ de réflexions pour le philosophe ! Quels affreux documens émanent de la peine de mort !

Citoyens, n'allez pas conclure de cet exposé que les crimes doivent rester impunis. Les peines et les récompenses sont dans l'ordre moral des moyens précieux, que le législateur doit employer avec prudence. C'est par leur application que l'on parvient à former, à épurer le jugement social. Tout ce qui agit sur l'ame, y fait naître, y grave d'utiles ou de dangereuses impressions. Ce n'est pas, vous le savez, en tapissant vos places publiques et vos chemins, de cadavres supliciés, que vous inspirerez du respect pour la vie de l'homme ; ce n'est pas en sévissant avec cruauté contre les membres foibles ou malades de la société, que vous lui en imposerez. Le peuple ne voit, je le répète, dans une exécution qu'un spectacle ; le scélérat qu'un apprentissage à mourir. C'est à la tête qu'on doit des efforts curatifs ; c'est-là où a régné jusqu'à présent la gangrène. Vingt années de fers à ses ministres prévaricateurs qui nous ont si longtems trahi, nous eussent épargné cent mille crimes ; la constitution eût marché d'un pas ferme et respectable. L'anarchie, la foiblesse, la ruine, l'avilissement où ils ont plongé la plus belle nation de l'univers, sont les plus désastrueux des crimes; et l'on voudroit que des membres si longtems régis par une tête viciée en tous ses organes, soient, sous peine de la vie, des apôtres de la vertu ! N'est-ce pas exiger l'impossible ? Ah ! législateurs, connoissez les vrais coupables, et les vrais moyens de les punir ! Des fers pénibles, de rudes travaux ; mais point de peine de mort.

C'est d'après les droits imprescriptibles de l'homme, que l'égalité en droits a été reconnue et rétablie pour tous les citoyens. La loi a paré aux dangers des classifications injurieuses à la société, en les anéantissant ; mais l'œil législateur qui voit la nécessité indispensable d'une égalité de marche dans l'ensemble des rouages politiques, doit aussi se fixer sur les principaux éducateurs de la nation qui se régénère, je veux dire sur les tribunaux. Pourquoi nombre d'entr'eux n'offre-t-il dans tant de sentences qu'absurdités, qu'inégalités et contradictions plus dignes du siècle de la barbarie que de celui d'une nouvelle constitution? Les convulsions sociales qui sont la suite de ces irrégularités en procé-dures, fatiguent la nation, énervent la loi, retardent la marche de l'esprit public, ruinent l'agriculteur et le commerçant, pour engraisser encore le monstre de la chicane. La loi de mort confiée à ces mêmes tribunaux, y a éprouvé les mêmes inégalités. Si les écritures entassées dans leurs greffes étoient exposées sous vos yeux, citoyens, elles vous retraceroient ces temps assez modernes, où l'aristocratie militaire s'amusoit à faire jouer aux dez la vie des soldats de la patrie.

Ici vous me rappellez sans doute la loi qui nous a donné des jurés; je m'empresse d'y applaudir. Mais le glaive de la mort qu'ils promènent sur la tête du citoyen suspecté, par qui est-il dirigé?... et leur code ne se res-sent-il en rien de l'ancienne filière du despotisme?... et les agens de cette sage institution ne sont-ils jamais imprégnés de l'atrocité de notre précédente législation criminelle, ni des principes du machiavélisme?... Sans parler des accusations sourdement intentées sur de faux témoignages, et des injustes ar-restations qu'elles entraînent, ne comptez-vous pour rien cette souplesse qui copie la franchise, cette hardiesse qui maîtri e la foiblesse, cet art imposteur qui éclipse la vérité? Eh bien, tels seront trop souvent les atributs des êtres au milieu desquels paroîtra un accusé! telles seront les passions nébuleuses, à travers lesquelles les jurés, simples mortels, prononceront sur la vie de l'homme aussi souverainement que s'ils étoient des dieux! Une trame adroitement ourdie pour faire périr un innocent, n'influera-t-elle jamais sur l'individu bon, honnête, mais simple et médiocrement instruit, qui doit entrer dans votre jury? Encore un cornet et des dez pour décider de la peine de mort; et n'eût-il pas mieux valu ne l'avoir jamais décrétée?

Au moins, me dira-t-on, la loi commande la mort la plus douce; hom-mage au reste d'humanité qui dicta ce lénitif; mais j'en tire une nouvelle preuve de l'inutilité absolue de votre loi de mort.

En effet, citoyens, la perte de la vie n'est prononcée que pour prévenir le crime par la crainte du supplice, ou le punir par la rigueur du supplice; or, cette mort la plus douce n'opérera ni l'un ni l'autre, parce que le scélérat ne compte la roue même que pour un mauvais quart d'heure; la mort et ses suites, que pour un saut qu'il fait dans les ténèbres.

D'ailleurs, craindra-t-il la mort, maintenant la plus douce possible, en la com-parant avec la naturelle, qui, s'il échappe au supplice d'une seconde, doit ter-miner ses jours d'une manière peut-être mille fois plus douloureuse?... La mort la plus douce!... et c'est au français, incapable de préférer un bal à une bataille, qu'on s'imagine en imposer par ce chétif opium!... Ici le lénitif à manqué le but ; et par-là même qu'elle enjoint une mort si douce qu'elle n'effraie aucun coupable, cette loi de mort est palpablement inutile.

Je dis plus, elle n'est propre qu'à faire pulluler les crimes les plus destructeurs, le vol, l'assassinat et le suicide ; je n'irai pas chercher bien loin mes moyens de conviction.

En Angleterre, où nous avons puisé avec les germes de notre liberté tant d'exemples de vertus et de vices, tant de modes ; en Angleterre, l'hommme qui fatigué de la vie ne se sent pas la force de s'en débarasser lui-même , en délègue le soin à la loi de mort. Pour y atteindre , il s'arme de deux pistolets, court dévaliser le voyageur, qui souvent jaloux de sauver sa fortune, expose ou perd sa vie, s'il n'arrache pas celle de l'agresseur ; celui ci arrêté, condamné à la mort la plus douce du code anglois, vend son corps à l'anatomiste peu de jours avant son suplice , boit et mange gaiement les prix de lui-même. Sa dernière heure arrive ; il part pour le gibet comme pour un festin, bien satisfait de la douce , je dois dire, SUICIDE ressource que lui a fourni la loi de mort.

L'aveu de l'accusé n'est point admis , j'en conviens , comme preuve contre lui par la jurisprudence britannique. Le législateur a voulu aporter ainsi une espèce de remède aux terribles inconvéniens que je viens de détailler. Mais comme des conséquences fausses, des suites iniques émanent nécessairement d'un principe faux , d'une loi vicieuse, il résulte de celle de mort, malgré le palliatif anglois, que l'homme déterminé , pour ne manquer ni de dénonciateurs ni de témoins, quitte les routes , attaque dans les rues et les places publiques ; il en résulte encore que ces exemples multipliés de vols hardis , familiarisent avec ce funeste exercice une infinité de jeunes anglois qui ne visent nullement à mourir ; et le passant ne se libère de ces étranges agresseurs, qu'en se munissant de deux bourses pour en sauver une. Assassins, voleurs ou suicides, et plus souvent l'un et l'autre , tels sont chez nos voisins, nos modèles, les fruits que, malgré ses correctifs et ses adoucissemens , produit la loi de mort.

Et pourquoi en avoir souillé notre nouveau code pénal , puisque les autres châtimens qu'il a graduellement classés suffisoient à punir toutes les chances du crime ? Supposons qu'on ait cherché à renforcer les moyens répressifs du forfait; on pouvoit statuer, en cas de délits capitaux , que les sentences seroient inscrites sur trois tableaux , l'un à exposer dans le chef-lieu du département, le second dans celui du district, et le troisième à la porte du temple du canton , théâtre du crime ; et ces trois tableaux pour rester en place aussi longtems que le condamné garderoit ses fers. C'est ainsi que les citoyens auroient sans cesse sous les yeux, des objets de compassion, qui affermiroient l'éducation nationale;

d'adord, un classement de punition, que l'équité et la politique ordonnent, et sans lequel il n'y aura jamais de justice dans nos idées, ni dans nos actes ; ensuite, le contraste entre la liberté et la gêne, l'estime et l'ignominie, des travaux humilians et des récompenses, des couronnes civiques et des fers.

Oui, citoyens, des fers et au plus des fers ! Huit jours font oublier le suplicié, son crime et sa mort ; mais vingt ans de travaux publics et de fers, que le scélérat redoute mille fois plus qu'une douce mort, sont une voix énergique qui prêche l'horreur du crime et instruit sans relache deux générations.

Par ce système mis en pratique, la vie de l'homme seroit à l'abri d'une procédure irrégulière ; la nature seroit rendue à elle-même ; le vaste champ de la morale, jusqu'à présent trop en friche, seroit cultivé. L'art qui dans l'ordre phisique a su tirer tant d'antidotes des poisons les plus subtils, peut nous procurer les mêmes ressources dans l'ordre moral. Un plan d'éducation médité d'après les affections et les passions diverses des hommes, présenteroit à chaque caractère les moyens d'un heureux développement qui nous ont toujours manqué. Un sang même bouillant trouvera des jouissances à faire le bien, parce que le bien mis en honneur fixera l'opinion publique, conduira à cette estime nationale qui doit remplacer les titres corrupteurs de la ci-devant noblesse ; ainsi les passions indestructibles, à qui l'ancien régime ne laissoit presque d'essor que pour le crime, tourneront à l'avantage de la société. Il deviendra d'autant plus rare, ce crime, que la vertu sera plus honorée. L'égalité de rang, patrimoine d'un peuple libre, facilitera l'égalité d'action dans les ressorts de la machine politique. Le droit de ne rougir de rien ne sera plus l'avantage des distinctions imaginaires de la naissance ; et la honte du vice répandra sur toutes les phisionomies ce sceau salutaire, que des habitudes vicieuses et nos préjugés en avoient effacé. Quand nos loix ne seront plus, pour le riche et le puissant, des toiles d'araignée, nous verrons infiniment moins d'exemples pernicieux, les remords dévanceront pour ainsi dire les fautes. A l'époque où nos corrections auront cessé d'être inutilement meurtrières, la vertu conduira les hommes avec un fil.

Que diroient ces enfans de la nature, certains sauvages nés avec la douceur péruvienne, s'il venoient à être subitement témoins de nos institutions homicides? Que doivent en penser vingt millions de russes régentés par le bâton de cent mille nobles? vingt millions de russes, dis-je, chez qui la vie de l'homme est tellement respectée, que jamais on n'entend parler d'assassinat dans leur immense empire, où la loi de mort est ignorée? Avec quelle énergie se développeroit dans leurs cœurs, à l'aspect de l'homme tombant sous le couteau judiciaire, cette horreur sacrée, par nous réduite à un foible sentiment qui disparoit avec l'échafaud ? Quelle idée peut leur donner de notre caractère, l'inconséquence de notre code très-criminel, par lequel nous défendons le meurtre, en nous réservant d'assassiner en cérémonie le meurtrier ?

Citoyens, notre heureuse révolution a brisé la barrière de l'arène où nous devons tous combattre avec les armes de la vertu et du patriotisme. La multitude des palmes doit enflâmer le zèle ; il y en a pour tous les efforts. Celui qui d'abord ne pourra fournir tout l'espace, trouvera encore des récompenses ; sa force se nourrira par ses premiers essais, il les renouvellera ; l'estime qui en sera le prix, le portera, par échelons, jusqu'aux premiers emplois de la république. D'une part des fers honteux et pénibles ; de l'autre des palmes civiques, ressource et aliment légitimes des grandes passions ; cette alternative, cette marche rend évidemment inutile la loi de mort. Et dès qu'elle est inutile, la maintenir seroit, (je le répète), perpétuer un odieux attentat sur les droits de la divinité et de l'humanité.

François, qui avez jurez de perdre la vie plutôt que la liberté, jamais vous ne serez véritablement libres, tant que vous aurez des boucheries humaines ! tant que les énergumènes de la liberté s'empareront de la loi de mort, qui ne peut convenir qu'aux tyrans ; la leur abandonner, la consentir, seroit jetter de l'odieux sur une cause, qui ne doit rien emprunter de la violence et tout attendre de la raison. Tremblons que des Socrates, des Sénèques, des Morus, des Barneveld, des Servet, n'arrosent de leur sang notre constitution ! Réprimons ses ennemis ; mais n'apprenons pas au peuple à manger le cœur du Maréchal d'Ancre (2) : ne lui montrons point d'assassinats mêmes judiciaires, si nous ne voulons pas être victimes des habitudes avec lesquelles notre loi de mort l'aura familiarisé. La cruauté est le partage de la faiblesse : celle-ci s'appuiera sur l'imprudente et l'impolitique loi de mort, pour s'animer à la fureur. L'anarchie qui profite de tout, et la crainte, jetteront sur l'esprit public les nuances d'un patriotisme calcule sur la force des partis qui pourroient prévaloir dans les différentes localités de la république.

La sauve-garde de l'humanité, la bienfaisante philosophie, a été repoussée par les institutions civiles et religieuses : par tout le sang humain a coulé pour cimenter le trône et l'autel. Les despotes de l'action, ceux de la pensée, les rois et les prêtres se sont coalisés d'un pôle à l'autre par cette impulsion que

---

(2) Détournons nos regards et les nôtres de ces affreuses journées des 2 et 3 Septembre dernier dont les auteurs, horribles canibales, n'échapperont pas à la vengeance de l'éternel.

font naître l'orgueil et la soif de commander. Et de quelles armes se sont-ils saisis pour désoler les nations par l'abus des pouvoirs?... De la loi de mort!

Son abolition tariroit ses éternels fleuves de sang, dont le scélérat en force est toujours alteré ; son abolition anéantiroit à jamais ces amnisties destructives des mœurs comme des bonnes loix ; ces amnisties qu'une pitié simulée, la crainte, le besoin du moment arrachoient à la cruauté ; ces amnisties toujours plus utiles au forfait qu'à la vertu. Il est tems que ces mensongères ressources s'évanouissent à l'aspect d'un code dicté par la justice, transcrit par l'humanité. Toute alternative de guerre et de paix avec le crime, ne sauroit s'identifier avec une constitution ferme, non-plus qu'avec la stabilité de caractère essentielle à un grand peuple.

Citoyens, puissent mes réflexions réveiller dans tous les cœurs cette philosophie sacrée, que le créateur plaça sur la terre avec ses premiers habitans ! puisse-t-elle poser son trône au milieu de nos législateurs ; et par leur main effacer du recueil de nos loix régénérées, les absurdités du précédent régime et la plus barbare de toutes, la loi de mort! Puissent enfin mes concitoyens appelés à la plus haute fonction de jurés, se pénétrer de ce respect sacré, que tout homme doit à la vie de son semblable !

A MELUN, chez Tarbé, Imprimeur du Département, 1793.

PROJET D'ADRESSE,

*Par l'auteur du discours, à la Convention nationale ;
lu à l'assemblée électorale du Département de Seine
et Marne, réunie à Provins pour la nomination des
membres du Département, le 13 Novembre 1792,
l'an premier de la République.*

L'Assemblée électorale du Département de Seine et Marne, réunie à Provins,
s'empresse de vous adresser son adhésion au décret par lequel vous avez aboli
la royauté, et à celui qui constitue la France en république unie. Le premier,
en consacrant l'égalité, amène et sanctionne nécessairement le second. La
fraternité de vingt-cinq millions de françois libres partagera cet heureux besoin
de s'entr'aimer, que nos tyrans avoient su anéantir en le concentrant sur eux
seuls. La patrie recueillera les fruits d'un amour si longtems prodigué à ces despotes, que l'aveugle adulation avoit décoré des titres de père des lettres, de
juste, de grand, de bien-aimé, de restaurateur de la liberté. En frappant d'a-
nathême cette pernicieuse idolatrie, l'assemblée électorale de Seine et Marne
adresse à ses concitoyens des autres départemens le baiser d'union fraternelle.
Législateurs, que votre président soit le banquier national chargé d'acquitter
cette lettre de change de la cordialité républicaine.

Il est doux sans doute à l'assemblée électorale d'avoir à vous témoigner sa
gratitude pour deux décrets qui posent les bases de la félicité publique. Mais
avec quelle amertume ne se rappelle-t-elle pas que la sainte insurrection du
10 Août, que cette victoire des héros de la liberté a été souillée vingt-
deux jours après par les plus cruels attentats ! que des scélérats ont arrosé les
couronnes civiques de nos frères d'armes du sang de dix mille prisonniers placés
sous la sauve-garde de la loi !

Citoyens législateurs, l'impunité de ces crimes ne ternira pas la constitution
à laquelle vous travaillez. Vous vengerez l'honneur français ; vous vengerez les
bons citoyens purs du sang de ces victimes peut-être coupables, mais dont les

cadavres ne doivent pas servir de marchepied à des canibales qui respirent encore le carnage au milieu de vous !

Les préjugés, les habitudes ont cédé à la raison ; le sceptre des despotes est tombé en éclats, nous l'avons foulé aux pieds, mais le glaive de la loi doit le remplacer : lui seul doit flamboyer sur la tête des criminels. Décrétez qu'il sera informé contre ces hommes dévorés d'ambition, nés pour la ruine et l'opprobre de la patrie, contre les féroces auteurs des assassinats que le deux Septembre vit commencer. L'humanité attend de vous cette loi expiatoire, la politique vous la commande ; tout vous en fait un irréfragable devoir. les passions, les grandes passions s'agitent ; elles calculent votre fermeté ; veillez à ce qu'elles n'y trouvent point de lacune, il en naîtroit le malheur de la république ! Frappez juste, mais frappez fort !

Ce n'est point à la tribune conventionnelle que vous pouvez laisser prendre quelqu'importance à ces hommes de boue, à ces odieux meurtriers. Le mépris de la nation les couvre, le glaive de la justice les attend ; ils ne doivent désormais faire sensation que dans les fers.

Citoyens représentans de la république françoise, rappelez la commune de Paris à la loi, que la force armée des quatrevingt-trois départemens assure son exécution. En vain voudroit-elle, cette turbulente commune, par ses exemples, ses commissaires et ses arrêtés, nous inviter à la dilapidation, à l'anarchie et au désordre ; les membres de l'assemblée électorale de Seine et Marne et leurs commettans maintiendront vos décrets, avec le courage d'hommes libres, égaux et vrais républicains.

MAGNIEN.

A MELUN, chez TARBÉ, Imprimeur du Département.